AF555519

PROCÉS-VERBAL

DE

L'ADMINISTRATION MUNICIPALE DE LA COMMUNE DE STRASBOURG

sur la célébration en cette commune

DE LA CÉRÉMONIE FUNÈBRE EN MÉMOIRE DU GÉNÉRAL HOCHE.

L'AN sixième de la république française une et indivisible, le 30 Vendémiaire à dix heures du matin, en exécution de la loi du 6 de ce mois, portant qu'il seroit célébré aujourd'hui dans toutes les communes de la république, chef-lieux de canton, une cérémonie funèbre en mémoire du général HOCHE, commandant en chef les armées de Sambre et Meuse, et de Rhin et Moselle, décédé à Wetzlar le 3e jour complémentaire de l'an 5e dans la trentième année de son âge, les autorités constituées de Strasbourg, tous les fonctionnaires publics, le général en chef de l'armée d'Allemagne et son état-major, le général commandant la 5e division, le général commandant la place, plusieurs autres généraux et toutes les personnes invitées se réunissent à la maison commune.

La garde nationale sédentaire et la garnison sont placées dans les rues environnantes.

A onze heures celles-ci ouvrent la marche.

Les vétérans de la garde nationale précèdent immédiatement le cortège qui se forme ainsi qu'il suit:

Les élèves des deux hospices, des orphelins et des enfans de la patrie ;

les instituteurs primaires et leurs élèves ;

un groupe de cultivateurs portant des cyprès et des saules pleureurs ;

un autre de jeunes filles habillées en blanc, ayant des écharpes de crêpe et tenant des cassolettes et des urnes ;

une jeune citoyenne portant sur un coussin une couronne de laurier ;

des guerriers portant des trophées ;

un groupe de défenseurs de la patrie blessés ;

le général en chef de l'armée d'Allemagne avec son état-major ;

les autres généraux avec leurs états-majors ;

les commissaires de guerres ;

les officiers de santé ;

les administrations militaires ;

les professeurs de l'école de santé et leurs élèves ;

les professeurs de l'école centrale et leurs élèves ;

les membres du jury d'instruction ;

les commissaires de police et leurs adjoints ;

les juges de paix, leurs assesseurs et employés ;

le tribunal de commerce ;

le tribunal correctionnel ;

les tribunaux civil et criminel ;

le conservateur des hypotheques ;

le directeur des douanes et ses agens ;

le directeur des domaines et ses agens ;

l'administration centrale du département et ses employés ;

l'administration municipale et ses employés ;

chacun des membres tient à la main une branche de laurier ou de chêne ;

La marche est fermée par des détachemens de la garde nationale et de la troupe de ligne.

Au milieu du cortége, immédiatement avant les généraux, huit guerriers portent sur un brancard drapé en noir une urne funéraire ; au bas de cette urne sont posés les insignes militaires du héros que regrette la France ; derrière on voit des drapeaux tricolors, dont les inscriptions indiquent les armées auxquelles il a signalé ses talens et sa valeur: des généraux et des présidens des autorités civiles soutiennent les coins de la draperie.

Au bruit déchirant et triste des sifres et des tambours couverts de crêpe, et d'une musique militaire exécutant des airs lugubres, le cortége marche à pas lents par les principales rues de la ville vers la place d'armes, lieu désigné pour la cérémonie; par-tout il rencontre une multitude prodigieuse de citoyens de tout sexe, de tout âge; sur toutes les phisionomies il lit l'expression des sentimens qu'il éprouve lui-même. Ah! ce n'est point à Strasbourg qu'on peut trouver des citoyens insensibles aux calamités de la patrie ou répondant par l'ingratitude à des bienfaits, et nos descendans apprendront aux leurs à prononcer avec vénération et avec attendrissement le nom de Hoche, de ce héros, l'honneur de sa patrie, le sauveur, le bienfaiteur de leurs ancêtres.

A l'extrêmité méridionale de la place, au-devant de l'arbre de la liberté, est dressé l'autel de la patrie. Au milieu de cet autel s'élève un roc entr'ouvert; dans sa cavité on voit une tombe et au-dessus une piramide, sur laquelle on lit l'inscription: *aux mânes de Hoche*; il est orné de guirlandes de chêne et de laurier; à l'entour sont plantés des cyprès et des saules pleureurs; entre les arbres sont placés des cassolettes et des trophées militaires; sur deux de ces trophées on lit les inscriptions suivantes :

Son nom seul épouvanta le despote d'Irlande et les conspirateurs français.

Weissembourg, Landau, Quiberon, parleront de sa gloire, et la Vendée de ses vertus.

La garde nationale et les troupes de ligne se rangent des deux côtés de la place, elles portent les armes basses; des cravattes de crêpe sont attachées aux drapeaux et aux étendards.

Le cortége s'avance vers l'autel de la patrie; aux pieds de cet autel on dépose le brancard portant l'urne funéraire; des deux côtés on place les trophées que des guerriers ont portés pendant la marche; on y lit les inscriptions suivantes:

Il vécut assez pour la gloire et trop peu pour la patrie; il fut humain dans la guerre et clément dans la victoire.

Les distances, les fleuves, l'océan, rien n'arrêtoit son audace; il alloit être le Buonaparte du Rhin.

L'Auteur de la nature sembloit se complaire aux honneurs qu'on alloit rendre à un héros:

le plus beau ciel, l'air le plus pur a succédé à deux jours très-orageux.

Les jeunes citoyennes se rangent à l'entour du tombeau; elles font brûler l'encens dans les cassolettes et entretiennent ce feu pendant toute la cérémonie.

Près de ce tombeau une place d'honneur étoit destinée aux défenseurs de la patrie blessés; ils vont l'occuper.

Le général en chef et le président de l'administration municipale montent à l'autel; ils reçoivent une couronne de laurier des mains de la jeune citoyenne qui l'avoit portée pendant la marche, et la placent sur le roc; ils prennent ensuite aux pieds de l'urne funéraire les insignes militaires et les posent sur la tombe.

Un silence religieux regnoit dans l'assemblée; il est interrompu par l'orchestre qui exécute l'hymne composé par le citoyen Chenier, mis en musique par le citoyen Chérubini.

A ce chant succède la lecture du procès-verbal de la cérémonie funèbre en l'honneur de notre héros, qui a eu lieu à Paris; elle est faite sur le devant de l'autel par le secrétaire en chef de l'administration municipale; on l'écoute avec une attention soutenue, et dans tous les regards on voit la douleur et l'affliction.

L'orchestre exécute le chant de la Marseilloise.

L'orateur que l'administration municipale avoit invité de prononcer l'éloge funèbre du héros, le cit. Hullin, professeur de l'école centrale, se présente sur le devant de l'autel, et parle en ces termes :

„ CITOYENS !

„ Ce fut, chez les peuples républicains, un „ usage sacré dans tous les tems, d'honorer, par „ des cérémonies funèbres, les hommes qui étoient „ morts en combattant pour la patrie, ou qui par „ des talens extraordinaires et par des vertus écla- „ tantes avoient acquis des droits puissans à son „ estime et à son amour. Dans Athènes, on fit „ des obsèques publiques aux citoyens qui avoient „ péri au commencement de la guerre du Pélopon- „ nèse, et le plus éloquent orateur de son tems, „ le célèbre Périclès, fut chargé, dans cette occa- „ sion, de l'honorable emploi d'interprête de la „ douleur et de la reconnoissance nationales. A „ Rome, l'oraison funèbre du premier des Brutus „ fut prononcée devant le peuple, et les dames „ romaines portèrent, pendant une année entière, „ le deuil de ce généreux fondateur de la liberté. „ Dans la France, au contraire, sous le despo- „ tisme des rois, ceux qui portoient le nom de

„ grands étoient seuls admis aux honneurs de
„ l'oraison funèbre. Les hommes à qui elle étoit
„ consacrée en étoient presque toujours indignes,
„ et l'on entendit trop souvent louer, comme
„ bienfaiteurs de la patrie, ceux qui en avoient
„ été les plus cruels oppresseurs. Il est tems de ren-
„ dre à sa destination primitive un usage souillé
„ parmi nous, depuis plusieurs siècles, par la vile
„ adulation. Chez les Français esclaves, il étoit
„ conséquent sans doute de préconiser par des
„ éloges menteurs le crime ou le vice titré ; mais
„ chez les Français républicains, celui qui a servi
„ la patrie a seul droit à ses louanges et à ses
„ regrets ; et à ce titre, qui mérite plus d'être
„ honoré que le héros que nous pleurons ; Hoche
„ n'est plus ; un destin funeste a plongé ce grand
„ homme, à la fleur de son âge, dans la nuit du
„ tombeau. La république, dont il fut l'ornement
„ et le soutien, ne sera point ingrate envers sa
„ mémoire. Elle veut qu'aujourd'hui ses funé-
„ railles soient célébrées, d'une manière aussi
„ pompeuse que touchante, dans toute l'étendue
„ de la France, et au milieu de nos camps. Tous
„ les citoyens viendront repandre des fleurs sur
„ son urne funéraire ; tous lui apporteront le dou-
„ ble tribut de leurs louanges et de leurs larmes.
„ Et moi aussi je viens, d'une voix tremblante,

„ balbutier quelques paroles au pied de son mauso-
„ lée, Ah que n'ai-je, en ce moment, cette élo-
„ quence simple et guerrière qui le caractérisoit!
„ Pardonne à la foiblesse de mes expressions,
„ grande Ombre! pour louer dignement un héros
„ tel que toi, il faudroit être un autre toi-même.

„ La nature avoit destiné Hoche aux grandes
„ choses, et dès ses plus jeunes ans on put décou-
„ vrir en lui tout ce qu'il devoit être un jour. Le
„ génie ne connoit point ces degrés intermédiaires
„ qui sont les échelons de la médiocrité; il fran-
„ chit avec rapidité les espaces que l'homme vul-
„ gaire ne parcourt qu'en se trainant. Passionné
„ pour la profession des armes qui avoit été celle
„ de son père, Hoche s'y consacra dès son en-
„ fance, et bientôt il y fit éclater toutes les quali-
„ tés du héros : ce courage fier et indomptable que
„ la vue du péril ne fait qu'enflammer; cette acti-
„ vité brûlante qui triomphe de toutes les diffi-
„ cultés ; cet orgueil généreux qui s'indigne de
„ tout ce qui est vil et qui s'élance à la gloire par
„ la vertu ; enfin ce coup d'œil sûr et rapide qui
„ embrasse en un moment les combinaisons les
„ plus vastes, et qui est le caractère distinctif du
„ grand général. Mais malgré tant de brillants
„ avantages, qu'eut été Hoche sous le régime mo-
„ narchique? Hoche n'eut été qu'un soldat ignoré.

„ Né dans une caste avilie, eut-il pu jamais vain-
» cre les obstacles que lui opposoit un préjugé
„ funeste, qui étouffoit la vertu dans son ber-
„ ceau? Non sans doute, et le triomphateur de
„ Quiberon, le pacificateur de la Vendée eut
„ rampé toute sa vie dans les derniers rangs de la
„ milice. C'étoit parmi les tempêtes de la révolu-
„ tion, c'étoit dans les convulsions politiques qui
» ont agité la France, que devoit se développer
„ cette ame forte et magnanime, semblable à ces
„ plantes salutaires qui croissent avec plus de vi-
„ gueur au milieu des orages. A peine élancé dans
„ la carrière, Hoche la parcourt à pas de géant. Je
„ ne m'arrêterai point, citoyens, à vous décrire
„ ses premiers exploits; ils suffiroient pour immor-
» taliser un autre homme, mais ils ne sont que la
„ moindre partie de la gloire militaire de Hoche.
„ Je me hate de vous le montrer sur un théatre
„ digne de lui. Rappellez-vous ces tems déplora-
„ bles, où les armées des rois coalisés avoient en-
„ vahi de tous les côtés nos frontières. La foudre
» qui avoit réduit Valenciennes en cendres fumoit
„ encore, lorsque les nombreuses phalanges de la
» Germanie, après avoir forcé nos lignes à Weis-
» sembourg, se débordèrent comme des torrens
„ sur l'Alsace épouvantée, et pénétrèrent jus-
» qu'aux portes de Strasbourg. C'est dans ces

„ circonstances si difficiles que Hoche est appellé „ au commandement de l'armée de la Moselle. „ Le soldat républicain découragé par tant de dé- „ faites reprend son audace première à la vue „ d'un jeune guerrier qui porte la victoire dans ses „ yeux ; Hoche est proclamé sur le champ de ba- „ taille, général en chef des deux armées de la Mo- „ selle et du Rhin, et les événemens changent de „ face. Mais que de périls à braver ! que d'obstacles „ à vaincre ! la fortune, pour l'éprouver, semble „ avoir pris plaisir à les rassembler. Je ne vois par- „ tout que des montagnes couvertes de neige et „ presque inaccessibles, des rochers escarpés, „ d'effroyables précipices, des forêts abattues qui „ traversent des chemins affreux, des redoutes „ ménaçantes et hérissées d'une artillerie formi- „ dable, dont les feux croisés portent de toutes „ parts la destruction et la mort ; et au-dedans, „ c'est Wurmser avec ses valeureux bataillons en- „ orgueillis de leurs triomphes ; Wurmser, le „ Nestor des guerriers de l'Autriche, et qui, mal- „ gré le froid des années, réunit l'activité bouillan- „ te du jeune officier à la prudence consommée du „ vieux général ; Wurmser ! son nom seul est chez „ les ennemis le présage de la victoire. Mais la va- „ leur des républicains et le génie de leur général „ l'emportent ; l'Autrichien est forcé de tous côtés,

„ et après quatorze jours de marches et de combats „ les deux armées sont réunies à Limbach. C'est „ alors, que semblables à la poussière que chasse de-„ vant lui le vent impétueux, on vit les ennemis „ fuyants et dispersés. Landau débloqué reçoit „ avec des cris de joie ses libérateurs, et Hoche, „ pour son coup d'essai, s'égale tout à coup aux „ plus grands capitaines. Quelle fut la recompense „ d'un si glorieux exploit? Un affreux cachot, ci-„ toyens; et sans le neuf Thermidor le vainqueur „ de Wurmser eut porté sur un échaffaud sa tête et „ ses lauriers. Mais ce héros n'est point découragé „ par les indignes fers dont on charge ses mains „ triomphantes. Loin de s'affaisser sous le poids du „ malheur, sa grande ame déploye une constance et „ des forces nouvelles. Je crois l'entendre s'écrier: „ o ma patrie! et mon cœur et mon bras seront „ toujours à toi. Les méchans peuvent m'oppri-„ mer, ils peuvent même m'arracher la vie, mais „ ils ne sauroient m'empêcher de t'aimer, et dans „ l'instant même où je verrois le glaive de la mort „ suspendu sur ma tête, mon dernier soupir seroit „ encore pour toi. Enfin les portes des prisons de-„ cemvirales s'ouvrent, et Hoche est rendu à la li-„ berté et à la victoire. Une carrière nouvelle lui „ reste à parcourir. Jusqu'à présent nous n'avons „ admiré dans lui que le grand général, nous allons

„ voir maintenant le guerrier et le politique réu-
„ nis. Vous n'avez point oublié, citoyens, cette
„ époque desastreuse de la révolution, où le fa-
„ natisme féroce changea les paisibles cultivateurs
„ de la Vendée en un peuple de meurtriers. Cette
„ contrée malheureuse s'abreuve des torrens du
„ sang français. Pendant cinq ans, les carnages
„ succèdent aux carnages, les crimes succèdent
„ aux crimes. Une pacification trompeuse arrête,
„ pendant quelques momens, un incendie qui me-
„ nace de consumer la république entière; mais
„ bientôt après, il se rallume plus violent et plus
„ terrible que jamais. C'est à Hoche qu'il est re-
„ servé de l'éteindre. Que de talens divers il falloit
„ rassembler pour remplir dignement une si glo-
„ rieuse mission. Il falloit un homme qui eut assez
„ de fermeté pour soutenir l'honneur de la répu-
„ blique, assez de sagesse pour ne pas pousser au
„ desespoir des cœurs ulcérés par l'infortune et
„ égarés par les préjugés politiques et religieux;
„ dont la conduite fut adroite sans être artificieuse,
„ vertueuse sans être rigide; qui eut de la sou-
„ plesse pour manier les esprits, de la dignité pour
„ en imposer; qui sçut employer différentes armes
„ selon la différence des caractères qu'il vouloit
„ subjuguer; tantôt la crainte, tantôt l'intérêt,
„ quelquefois la honte, quelquefois enfin faisant

„ retentir au fond des ames la voix de la patrie „ qui reclamoit des enfans rebelles ; et déployant „ cette éloquence mâle qui, dans la bouche de la „ vertu, exerce sur les passions un empire irrésis- „ tible. C'est en vain que, pour prolonger au sein „ de la république un fléau qui la dévore, le „ gouvernement anglais arme et vomit sur nos „ côtes des cohortes d'émigrés. Hoche commande „ l'armée qui doit les combattre, il les presse, il „ les pousse de toutes parts, et déja la terre na- „ tale qu'ils ont souillée par leur présence s'ap- „ prête à les engloutir. Combat de Quiberon, „ journée de gloire et de triomphes, tu seras à „ jamais célèbre dans les fastes de la république! „ C'est à l'histoire à décrire comment, parmi les „ vents, les orages et les ténèbres, Hoche parvient „ à rassembler les républicains dispersés dans les „ sables et dans les flots; comment nos guerriers, „ sans autres armes que leurs bayonnettes, bravent „ les vagues mugissantes, s'élancent de rocher en „ rocher, s'emparent des postes regardés comme „ inattaquables, malgré le feu réuni de l'artillerie „ des forts et de la flotte anglaise; c'est à l'histoire, „ dis-je, à le décrire; ce tableau est bien digne „ de ses crayons les plus hardis. Enfin Hoche a „ recueilli le fruit de ses travaux, et la Vendée „ est pacifiée. Quelle satisfaction délicieuse ne

„ dut-il pas éprouver, lorsqu'il vit les habitans de „ ce malheureux pays venir déposer à ses pieds les „ armes qu'ils avoient trempées dans le sang de „ leurs frères, et arroser ses bienfaisantes mains „ des larmes de la douleur et du repentir ! Que „ ne dut-il pas ressentir, dans la touchante émo- „ tion de son cœur, lorsqu'il put enfin se dire à „ lui-même : le fanatisme avoit fait de ces infor- „ tunés des tigres affamés de carnage ; j'ai su en „ faire des hommes : ces contrées étoient vouées „ au malheur et à la destruction ; je les ai rendues „ au bonheur et à la fécondité : les plus riches „ moissons vont embellir ces campagnes mainte- „ nant hérissées de ronces stériles et parsemées des „ ossemens de tant de milliers de Français, et la „ paisible industrie, la douce joie, la sécurité „ compagne de l'innocence, viendront encore y „ établir leur asyle. Que la gloire du héros pacifi- „ cateur est pure et touchante ! La douceur qu'elle „ fait éprouver n'est point empoisonnée par les „ images funèbres qui accompagnent la gloire du „ héros guerrier. Elle n'est point troublée par les „ sons des clairons et des trompettes, par le bruit „ des tambours et des canons, par les cris des „ blessés qui portent toujours à l'ame un senti- „ ment pénible et mêlé de je ne sais quel effroi. „ Dans elle tout charme, et rien n'éblouit. Ah !

„ si parmi nous il étoit un seul qui s'y montrât in-
„ sensible, il seroit indigne d'habiter parmi les
„ hommes. Mais, citoyens, hatons-nous de par-
„ courir les autres actions qui ont illustré la vie
„ de ce héros. La république se dispose à reporter
„ chez les perfides Anglais les fléaux qu'ils ont
„ trop longtems versés sur notre patrie. C'est à
„ Hoche qu'elle a remis le soin de sa vengeance.
„ Si cette expédition ne réussit pas, n'en accusons
„ pas ce grand homme, mais la fortune qui, par
„ des obstacles insurmontables, empêcha le succès
„ de cette mémorable entreprise. Rends grace aux
„ vents et aux tempêtes qui combattirent alors
„ pour toi, superbe Albion! sans eux, Hoche
„ eut déja rendu à la liberté ces courageux Irlan-
„ dais que, par une politique barbare, tu tiens
„ depuis si longtems asservis; il eut dans Londres
„ même tari la source de tes trésors, et brisé ce
„ trident orgueilleux, avec lequel tu domines sur
„ les mers. De retour sur nos côtes, Hoche vole
„ des rivages de l'océan sur les bords du Rhin;
„ il passe ce fleuve avec une audace inouie, défait
„ les ennemis dans une grande bataille, et déja
„ il étoit aux portes de Francfort, lorsque la signa-
„ ture des préliminaires de la paix vient arrêter
„ son bras victorieux.

„ C'est par cet exploit immortel que Hoche a

„ terminé sa brillante carrière. Bientôt après il „ alloit être ravi à la république éplorée. Hélas ! „ au moment même où ce héros expiroit, nous „ nous entretenions de ses victoires futures. Déja „ nous suivions par la pensée sa marche rapide à „ travers l'Allemagne subjuguée ; déja nous le „ voyions, sous les murs de Vienne, réunir son „ armée triomphante à celle du conquérant de l'I- „ talie. Nous savions ce que nous devions espérer, „ mais nous ignorions ce que nous devions crain- „ dre. Une activité sans bornes, des travaux ex- „ cessifs, une sollicitude ardente pour la gloire et „ la prospérité de la république avoient dévoré ses „ forces. Déja son corps semble s'écrouler de tou- „ tes parts, et sa grande ame n'habite plus que „ parmi des ruines. L'heure fatale arrive, Hoche „ n'est plus . . . Faut-il que tant de talens et de „ vertus aient été moissonnés avant le tems ! faut- „ il qu'épuisé par les maladies Hoche ait succombé, „ lorsqu'il auroit pu fournir encore une si longue „ carrière ! Ah pourquoi ces ames si supérieures à „ celles du vulgaire ne peuvent-elles sauver de la „ destruction cette argile périssable qu'elles ani- „ ment et qu'elles honorent ! Pleurez Hoche, pleu- „ rez ce grand homme, ô vous tous qui aimez la „ patrie ! pleurez le, braves guerriers, vous qu'il „ a conduits si souvent à la victoire ! pleurez le,

„ fortunés habitans de ces contrées naguères si „ malheureuses, vous qu'il a rendus à la vertu, à „ la paix et à la république ! Mais, citoyens, „ après lui avoir payé le juste tribut de nos larmes, „ ne nous laissons point abattre par une lache douleur ; c'est en imitant les grands hommes qu'on „ les pleure d'une manière digne d'eux. Vous „ voyez quels honneurs la patrie reconnoissante „ rend aux mânes de Hoche, Guerriers ! que ce „ spectacle vous enflamme d'une sainte émulation ; „ que le feu belliqueux qui l'animoit, que ce zéle „ brûlant pour la république, dont il étoit dévoré, „ circule dans vos veines, et opère en vous les „ mêmes prodiges ! Mais déja je lis dans vos regards que son ame a passé dans votre ame. Oui, „ j'en conçois le favorable présage, l'exemple de „ Hoche fera naître en foule dans la république „ des hommes qui lui ressembleront ; et tandis „ que son ombre magnanime marchera à la tête de „ nos phalanges, et gagnera encore des batailles ; „ sa mémoire à jamais chérie entretiendra chez les „ Français le mépris de la mort, le courage, la „ grandeur d'ame, l'enthousiasme de la liberté, „ l'amour de la patrie et toutes les vertus qui sont „ l'apanage du héros et du citoyen. „

L'orateur en peignant avec tant de chaleur et d'éloquence toutes les vertus civiles et militaires du guerrier illustre que pleure la France, a ajouté encore à l'attendrissement universel; il finit au milieu de vifs applaudissemens.

Pendant que l'orchestre exécute le chant du départ, les jeunes citoyennes repandent des fleurs sur la tombe, les membres du cortège vont successivement y déposer leurs branches de chêne et de laurier, et restent ensuite placés sur l'autel de la patrie.

La garde nationale sédentaire et les troupes de ligne défilent devant l'autel, et rendent au mausolée le salut de l'épée et du drapeau.

Le cortège retourne dans le même ordre à la maison commune.

L'administration municipale, aprés avoir entendu la lecture du procès-verbal ci-dessus, ouï le commissaire du directoire exécutif, en a approuvé la rédaction, et ordonné l'impression au nombre de deux mille exemplaires, desquels il sera fait envoi et distribution, au directoire exécutif et à la députation du département du Bas-Rhin à la législature; aux autorités civiles et militaires, fonctionnaires et citoyens qui ont formé le cortège à ladite cérémonie.

Fait à Strasbourg dans la maison commune, le

www.ingramcontent.com/pod-product-compliance
Lightning Source LLC
LaVergne TN
LVHW020504230826
846091LV00008BA/3334